T0160469

Salt Monody

Salt Monody
Marzanna Kielar

TRANSLATED BY
Elżbieta Wójcik-Leese

ZEPHYR PRESS
BROOKLINE, MA

Copyright © 2006 by Marzanna Bogumiła Kielar
Translation and Introduction Copyright © 2006
by Elżbieta Wójcik-Leese
All rights reserved.

Front cover photograph by J.J. Jasiński
typeslowly designed
Printed by Cushing-Malloy, Inc.

Zephyr Press acknowledges with gratitude the financial
support of the Massachusetts Cultural Council, the National
Endowment for the Arts, and The Witter Bynner Foundation
for Poetry.

NATIONAL
ENDOWMENT
FOR THE ARTS

MCC
massculturalcouncil.org

Zephyr Press, a non-profit arts and education 501(c)(3) organi-
zation, publishes literary titles that foster deeper understanding
of cultures and languages. Zephyr books are distributed to the
trade in the U.S. and Canada by Consortium Book Sales and
Distribution [www.cbsd.com] and by Small Press Distribution
[www.spdbooks.org].

Library of Congress Cataloging-in-Publication Data
Kielar, Marzanna Bogumiła, 1963-
  [Poems. English. Selections]
  Salt monody : poems / by Marzanna Kielar ; translated from
Polish by Elżbieta Wójcik-Leese.
     p. cm.
  ISBN 0-939010-86-0
  I. Wójcik-Leese, Elżbieta. II. Title.
  PG7170.I16A2 2006
  891.8'517--dc22

                                    2006011823

98765432 first printing in 2006
ZEPHYR PRESS
50 Kenwood Street
Brookline, MA 02446
www.zephyrpress.org

ACKNOWLEDGMENTS

This book draws on Marzanna Bogumiła Kielar's three collections, *Sacra conversazione* (Suwałki: Suwalskie Towarzystwo Kultury, 1992), *Materia prima* (Poznań: Obserwator, 1999), and *Monodia* (Kraków: Znak, 2006).

Acknowledgments are due to the editors of the following journals in which these translations (sometimes in altered form) have appeared: *Beacons, Chicago Review, Lyric, Magma, Modern Poetry in Translation, Orient Express, Poetry Review, Poetry Wales, Przekładaniec, The Spoon River Poetry Review.*

"enormous sea—as far as the dunes, with its lips," "ropes of rime in a trench: nothing has waded through," and "Steel Engraving" were published in *Modern Poets of Europe: a selection* edited by Patricia and William Oxley for the Nepal Poetry Society (Spiny Babbler, 2004).

"just an hour ago the morning mist," "Sacra conversazione," "Nakedness," "Apple," "Dusk," and "Seashore Wilderness" appeared in *Carnivorous Boy Carnivorous Bird: Poetry from Poland*, selected by Marcin Baran and co-edited by Anna Skucińska and Elżbieta Wójcik-Leese (Zephyr Press, 2004).

Special thanks to Peter and Tomasz.

Table of Contents

INTRODUCTION

Marzanna Bogumiła Kielar's mindscape compels with its austere monochromy: white, grey, black; chilly, cold, freezing; an occasional red, brief warmth. Her poems insistently return to the same place: northern Poland—Mazuria, to be precise—cataloguing the sea, fog, wind, lakes, rivers, woods, fields, and crows. "It's the landscape whose pulse and vibrations I can sense in my blood," explains Kielar, who was born in Gołdap in 1963 and grew up with its starkness. Significantly, none of her poems ventures into the city, even if she lives in Warsaw, where she lectures in philosophy. "My first homeland is a post-German landscape," she acknowledges, "with wild rose bushes, stone stables, metal window fittings, red roofs." This landscape gives focus to her interests outside poetry: geomorphology, sociology, cultural anthropology. Kielar conducted field interviews with the inhabitants of her homeland, which, after World War II, witnessed the deportation of Germans and ethnic Mazurians as well as the arrival of Ukrainians and Poles. She wanted to understand how people establish their emotional bond with the space they inhabit, how they symbolically take it into possession.

As a reader and translator of Kielar's work, I was surprised by this discovered connection, the questions behind the poet's research that echo in her poetry. Or rather, I should say, the reverse must be true: the questions posed by her poetry found their way into her conversations with the inhabitants of Mazuria. I mention those interviews, because Kielar's poems seem eerily removed, oddly uninhabited. They seem to happen almost beyond time, on the eighth day, although they do not dispose of spring, morning, dusk, as even their rare titles specify. Rather than persuade with the shared or the historical, they attempt to convince with the intimate and the singular. Their lyric persona does not aspire to represent a community; nor does the I speak on anyone else's behalf. It is enough that to the person who can "feel among the weeds a difference in levels," grass-covered stairs that lead to nowhere suggest a presence. The destroyed house, however, will not reappear as an allegory; it will not summon its inhabitants to rehearse their tales. Unlike Zbigniew Herbert and Czesław Miłosz, Kielar does not comment on Poland's past or present. Like so many other Polish poets who started to publish after 1989, she no longer needs to: confronting history and the state has finally become an aesthetic choice rather than a poet's moral obligation.

When Kielar speaks about her obligation as a poet, she speaks about bringing home what we tend to call reality, love, death. Always aware of the risk involved in naming, she strives to bring out of darkness words and their meanings:

> when out of all
> things, good and bad,
> from their refined, impermanent profusion,
> you deliberately choose one: a handful of blackberries,
> and my lips are shut
> by berries

This early poem, lending its title to Kielar's first volume, *Sacra Conversazione* (published in 1992 and awarded two prizes for the best poetry début as well as the Kościelski Foundation Prize, Geneva), balances things and words uneasily, until finally lips give in to berries. The sensuality of the surrender is ominous: "shut," exposed at the end of the penultimate line, reveals the failure of words. They fall short, even if they are, like berries, chosen *niespiesznie*, that is, without haste, each carefully weighed. Therefore in my translation the speaker's companion makes his selection "deliberately."

Deliberateness, a cautious patience with words, allows the poet a comfort, though only temporary, of movement from "all things" to "a handful of blackberries." To me, this movement *is* intensification of reality, the process which Kielar sees as writing itself. According to her, the poet needs to transcend the confinement of the I as well as to achieve inner calm for the world to flow through poetry. Could, then, the lips in "Sacra Conversazione" be shut to intensify the reality of berries? I like to think that the poem cherishes this deliberate ambiguity. Paradoxically, the awareness of such a duality of perspective strengthens my confidence within Kielar's poems, which chart a uniquely intimate territory, reaching with quickened sensitivity for the metaphysical. Subtle and sensuous, they contemplate the strangeness of the world, recording its luscious beauty, which attracts but also misleads.

The phrase *wyszukana, nietrwała obfitość*, "refined, impermanent profusion," captures for me the essence of Kielar's work, only seemingly contradicting my initial perception of monochromy. It hints at the refinement of cultural (biblical, philosophical) references of this poetry, hence I decided against "urbane," "cultured," or "subtle" as equivalents for *wyszukana*. It ponders time and fleetingness, so I used "impermanent" rather than "transient." Moreover, it emphasizes the worldly surfeit, anticipating variety that may turn oppressive, indicating a single specimen that may conquer others; this is why I chose "profusion," and not "abundance."

Kielar's ambivalences might dull in translation. First of all, her obvious interest in nature as well as the sensuousness and musicality of her poems (these long lines, slowly unfolding) well camouflage their dark undercurrent even in the original. Additionally, the perceptible hoarseness of Kielar's voice softens, when Polish polysyllabic words full of *sz, cz, ż* consonants are replaced with English monosyllables of no such harshness. For these reasons I have been trying to render her coarser, more aggressive, not to lull English readers with her sonority, but instead to awaken them to her inherent violence. Though I might have been tempted by the elegant /l/ repetition of "my lips are sealed/ with blackberries," I wrote "my lips are shut/ by berries" to take advantage of its harsh decisiveness, like a door slammed. Here English monosyllables, if placed deliberately, can assist the translation. So can occasional strong, outstanding words; therefore I brought back "inevitability" (for Polish *nieuchronność*), which I earlier substituted with "necessity."

Kielar's poems exercise alertness: their meditative calm, luminosity, sublimity reveal, reading after reading, anxiety and urgency. They reveal truth about death or, rather, its unrelenting secrecy, which requires internalization. Thus Kielar construes her poetry piling up ellipses until, underneath the lucidity, multifarious facets, analogies and juxtapositions scintillate; until her images seem to interpenetrate. Her sprawling syntax reflects the challenge posed by confronting the inexpressible. And it challenges the translator attempting to fix the plasticity of a Polish sentence (whose words can assume almost every order they want, as their function is indicated by their grammatical endings) within rigid English syntactic arrangements.

This compositional risk-taking is well exemplified by "The Shore" from *Materia Prima*, Kielar's second collection (shortlisted for the NIKE Literary Prize, the most prestigious of Polish awards, in 2000, the year that Tadeusz Różewicz won). Its innocent-looking first line, "nothing separates us from the other side any more," actually reverses the original order to preserve the terse emphasis on "nothing." A closer rendition: "no longer are we separated from the other side by anything," though still only approximate to ensure grammatical correctness, may demonstrate syntactic re-molding I have to frequently perform as a Kielar translator, especially when her Polish develops by accretion: "not even fogs … and the wintry beach… Neither these old boats …, nor the icy, hot// altostratus of water. Perhaps only/ the light, twisted into ice-bound knots, in ropes/ on the ferry—before it withdraws and turns into a dense thicket …" Here the syntax coaxes the landscape into being, paradoxically through repeated negation; the revealed metamorphosis (altostratus of water, light turning into a thicket) further complicates the poem's geography.

Accretion, "gradual buildup of land on a shore due to wave action, tides, currents, airborne material, or alluvial deposits," is a characteristic feature of Kielar's poetry. And I use the term advisedly, because its geological provenance indicates the poet's imaginative and linguistic resources. For someone who lists *Understanding Glaciers* as her favorite non-poetry book, the precise terminology of earth science naturally counterpoints the impressionist re-creation of landscape that occurs time and again in her poems. Stone formations, glacial types, kinds of waves, river shapes—they all have their own, peculiar names: crag, surging glacier, breaker, oxbow. In fact, so peculiar that Kielar writes down their English equivalents whenever she comes across them in specialist studies, and sends them to me for verification. Her recent poems (placed towards the end of this non-chronological selection) frequently take advantage of this peculiarity. The terms testify to the acuteness of Kielar's focus as well as to the persistence of her exploration. Her systematic investigations of the North (of Poland) resemble concentrated expansions of homelands into the poetic universes of Elizabeth Bishop, Tomas Tranströmer, Eugenio Montale—not surprisingly the authors important to Kielar.

The precision of such observation cannot be mistaken for cool detachment and clear-cut categorizing. The permafrost of Kielar's poetry yields to the congenial mind willing to embrace the wondrous paradox of "snow that protects earth/ from utter freezing." In this universe death, "precise and gorgeous," completes love, and love "pieces together the body of the world again, anew." These two elements, death and love, collaborate with the predictable four: fire, water, air, earth, to bring life into life. They engender the brief warmth—"Breath of the avalanche which brings me forth."

Elżbieta Wójcik-Leese
December 2005

***

morze ogromne—do wydm, z wargami
przy skórze wiatru, wciąż, jakby ten był połową
jego istoty; strome
puste siodła fal, dotykane przez światło
co już się odwraca, wyślizguje, zostawiając
ślepnący szew;

mewy, okręcone wiatrem, spychane w głąb
słonawej krypty, gdzie sypie deszcz ze śniegiem—chmury
jak stalle, stalowoszare,
pod ścianą horyzontu (modlitwa bez słów,
bez jutra)

***

enormous sea—as far as the dunes, with its lips
ever against the skin of wind, as if against the other
half of its being; steep,
empty saddles of waves, touched by the light
which already turns back, slips out leaving behind
the dimming seam;

gulls, wrapped in the wind, forced deep
into the salty crypt where rain and snow drizzle—clouds
like stalls, steel-grey,
at the wall of the horizon (prayer without words,
without a tomorrow)

***

1.

Nadmorskie pustkowie.
Ości portu zsypane na widnokrąg.

Światło między chmurami a śniegiem—wąski strumień wędrujący w górę
i w dół, jak pusta winda. Dryfująca biel dni, szpitalnych nocy
i czarne pęknięcie w śnieżnej pokrywie, którego
nie można obejść.

Zsuwamy się z przysypanej krawędzi,
z oblodzonych stopni, przy próbie wejścia na molo, zawalone
w połowie długości, próchniejące.
Wracając, oglądamy na skarpie zdziczałe, zamarznięte ogrody—
na szybach letniskowego domku—
mapę, którą się śmierć posługuje, dokładną
i piękną

2.

Czasami, późną wiosną,
śnieg pada na odtajałą ziemię
i topnieje, ogrzany jej ciepłem; topnieje lodowe jądro
w otwartej skorupie zatoki

***

1.

Seashore wilderness.
Fishbones of the port heaped at the horizon.

The light between clouds and snow—a narrow stream wandering up
and down, like a vacant lift. The drifting white of days, of hospital nights
and a black cracking in the snowy cover
impossible to go round.

We slide off the snow-dusted edge,
off the ice-covered steps, attempting to enter the pier, collapsed
half-way down, decaying.
Returning, on the slope, we watch wild hoarfrosted gardens
on the panes of a summer house—
a map used by death, precise
and gorgeous

2.

Sometimes, in late spring,
snow falls onto the thawed-out ground
and melts in its warmth; the ice core melts
in the open crust of the bight

***

tak blisko jesteś, gałązko tarniny; gładka
jak skóra młodych jabłoni
jest we mnie cisza: nawet ptak nie śpiewa

tylko ogień

***

how close you are, blackthorn twig; smooth
as the skin of young apple trees
the silence inside me: not even a bird sings

only fire

***

1.

cisza przedświtu rozcięta do kości, czekanie,
aż wróci chociaż wiatr i chmury zbiorą sadzę, szczelinami
nawieje światła;

aż błyśnie, choćby łyżeczka oparta o spodek, rozrzucone
papiery, pościel. I zajmie się suchym ogniem
wygasłe drewno odsłoniętych rzeczy

2.

podarte na pasy światło podtrzymuje drzewa, dymią
trzewia wody; świta. Słońce jest ledwie szparą
w żeliwnej kadzi z ogniem—

***

1.

silence of a daybreak cut to the bone; waiting,
till at least the wind comes back, clouds gather soot, and light
drifts into cracks;

till the least gleam—a teaspoon on a saucer, scattered
papers, bed-sheets. And a dry flame will consume
the burnt-out timber of disclosed things

2.

torn into strips, the light is supporting trees, entrails
of water steam; it dawns. Sun is a mere split
in a cast-iron cauldron of fire—

***

stado gołębi rozkwita biało na siwej płachcie
chmury, nad miastem, gdy odsłaniam okno,
i miękko płynie w dół:
dzień właśnie zaczerpnął powietrza; nagi
—na jakie teraz czeka imiona,
w szarych uliczkach?

Śpisz, nie odwróciłeś twarzy; zaciskasz w dłoni
skrawek prześcieradła, cień nocy, która odsuwając się
mówi, spokojnie i pewnie: „Oddam cię tylko
na chwilę".

***

a flock of pigeons blossoms white against the grey cloth
of a cloud, over the town, as I'm drawing back the curtains,
and softly flows down:
the day has just breathed in fresh air; naked
—what names does it await now,
in the grey alleyways?

You're asleep, haven't turned your head; your fist clutches
at the sheet, shadow of the night—withdrawing,
it says, composed and assured: "I will give you back
only for a while."

Nagość

gałęzie oblepione bielą i ciemnym różem,
brzęczeniem pszczół;
skrzydło dnia szeroko rozpościera się w słońcu,
w leciutkim wietrze, w zapachach świeżo skoszonej
łąki i długich rumianków na południowym jej brzegu.
Osłonięty, ciemniejący brzeg stawu.
Twoja ręka w moich włosach i na szyi, łagodnie,
miękko. Cała jej kruchość (i drżenie?).
Nagość rozchylających się liści, gęstniejących
zieleni, palce zsuwające ramiączko sukienki.

Nakedness

boughs thickset with white and dark pink,
with the hum of bees;
the wing of the day spreads open in the sun,
in gentle breeze, in a scent of fresh-mown
meadow, tall camomile on its southern edge.
Sheltered, the darkening bank of the pond.
Your hand in my hair, on my neck, gently,
softly. All its fragility (and quiver?).
The nakedness of opening leaves, thickening
green, fingers slipping off the dress-strap.

***

jezioro w łasce grafitowego blasku, przed zmierzchem,
u schyłku upalnego dnia;
wieloraka gra cieni i barwy,
i światła jedynie ubywa; gęstnieje mrok
od linii lasu na przeciwległym brzegu
napełniając powietrze chłodnym dymem mgieł; czerń
sięga coraz głębiej, bezgłośna, czuła
i stula się pejzaż
jak płeć—by naraz się poddać, rozchylić miękko i objąć
nas, zajętych sobą, na rzuconych w trawie
kąpielowych ręcznikach

***

a lake in the grace of graphite glow, before dusk,
at the close of a sweltering day;
manifold play of shadows and hues,
and the light is waning; dark thickens
at the line of the woods on the other shore,
filling the air with the cool smoke of mists; the black
reaches deeper and deeper, voiceless and tender,
and the landscape folds in
like sex—to suddenly surrender, part softly and embrace
us, absorbed in ourselves, on beach towels
thrown onto the grass

Sacra conversazione

w wieczornej ciszy,
skąd twoja nagle przy mnie obecność, drżąca i ufna?
Miękki powój dotyku, jak przed podróżą
i jej nieuchronność, skąd?
Jak zapach blisko
kuszące wgłębienie dłoni, kiedy spośród wszystkich
rzeczy, dobrych i złych,
z ich wyszukanej, nietrwałej obfitości
wybierasz niespiesznie jedną: garść czarnych jagód
i zamykają mi usta
jagody

Sacra Conversazione

in the evening silence—
why at my side your sudden presence, trembling and trusting?
The soft hollyhock of touch, as before a journey
with its inevitability, why?
Like a scent, close,
the tempting concave of the palm, when out of all
things, good and bad,
from their refined, impermanent profusion
you deliberately choose one: a handful of blackberries,
and my lips are shut
by berries

***

jeszcze godzinę temu poranna mgła
nie zapowiadała takiej jasności, tak ogromnego nieba
i przelewania się ryb w rozgrzanych wodach stawu;
radości, gdy zrywające się do lotu dzikie kaczki
zostawiają wyraźny ślad na pomarszczonej tafli
sierpniowego dnia
długo ciągnąc za sobą wzrok, coraz spokojniejszy.
Napełniają się misy rdzawych ogrodów,
wysypują kłosy.
I cichniesz, dziwnie niewinny. Czysty:

łagodne wzgórza stoją w pysznym świetle,
w trawach, nisko, ściele się śmierć

***

just an hour ago the morning mist
didn't announce such radiance, the sky so vast,
the overflowing of fish in warm pond waters:
the joy when, leaping to flight, wild ducks
leave a clear wake on the rippled surface
of a day in August,
long drawing the gaze after them, calmer and calmer.
The bowls of rust red gardens are filling up,
corn heads are spilling over.
And you grow quiet, oddly innocent. Pure:

soft hills stand in the luscious light,
onto the grasses, low, death comes down

***

zachód słońca w sierpniu: kropla
ożywia noc

koniuszkiem języka dotknąć
tej wilgoci

***

sun setting in August: a drop
revives the night

with the tip of my tongue to touch
this moisture

Jabłko

podnoszę owoc i jest w pleśni; czystą strunę
milczenia, śmierci niechcący trącam.
Zmięte wokół stóp prześcieradło trawy, ciężkie od rosy,
bo otwiera się noc i w małym pokoju na piętrze,
po powrocie
samotność: kołujące, wrzaskliwe ptaki wypłoszone
ze swojego codziennego miejsca;
rozpadasz się, mijasz (miłości) i z tobą to,
co bez znaczenia, co czułość wciąż budzi
(mała blizna na kciuku, okulary w rogowej oprawce),
bez śladu, doskonale.

Apple

I'm picking up the fruit: it is all mold; pure string
of silence, of death I pluck by chance.
Creased round my feet, the sheet of grass heavy with dew
as night opens up and in a small room upstairs,
on return,
solitude: wheeling screechy birds, startled
out of their everyday place.
You fall to dust, go by (love); with you goes that
which doesn't matter, which wakes the tenderness anew
(the small scar on your thumb, the horn-rimmed glasses)
—without a trace, skilfully.

Zmierzch

ciemny plusk wrony w rozlewisku ciszy

i zapach, jakby się go mełło w ustach: od nasiąkających
zbrązowiałym sokiem łętów października, musujący
jesienny moszcz przepojony dymem;
butwieje opadzina liści nie wygrabionych spod brzóz.
Z dnia zostało niewiele, zabliźnione pęknięcie,

ogień w polu,
jego szkielet z wiatru

Dusk

dark splash of a crow in the floodplain of silence

and this smell, as if ground up in the mouth: soaked through
with the browny sap of October stalks, sparkling
autumnal young wine permeated with smoke;
under the birches, unraked, leaf-litter molders away.
Not much left of the daylight, a healed fracture,

fire in the field,
its skeleton of wind

Telefon

paliłeś suche gałęzie w ognisku, i chwasty—
słyszałam szelest ognia w słuchawce, twój gwizd, gdy psy
znowu dobrały się do kretowisk, tam, gdzie wczoraj

wybieraliśmy śliwki z wybujałej trawy;
robił się wieczór—wiatr wdmuchiwał oddech
w jego szczenięcy pysk.

Lepkie węgierki—jedliśmy je na kolację;
przeglądałam książkę o wodnych ogrodach, fotografie
błotnych roślin—chciałam zapamiętać ich nazwy: knieć,

turzyce, rdestnica pływająca—
gdy nagle powiedziałeś: „chciałbym umrzeć
przed tobą".

W twoim domu na wsi, wczoraj, patrzyłam jak zasypiasz
czytając—sen jak fala spływowa
obszywał wiosło ciała.

Wyjęłam ci książkę z rąk, zgasiłam światło.
Żebro nocy
świeciło w gałęziach

Telephone

you were burning dry branches and weeds
—I heard fire rustle in the receiver, your whistle when the dogs
once again tried to get at the mole-hills where yesterday

we picked plums from among the rampant grass;
evening drew near—the wind blew breath
into its puppy muzzle.

The sticky prunes, we ate them for supper.
I was leafing through a book on water gardens, photographs
of marsh plants—I wanted to memorize their names: marsh marigold,

sedge, floating pond-weed
—when suddenly you said, "I would like to die
before you."

In your country house, yesterday, I watched you fall asleep
reading—sleep like a backwash
sewed up the oar of your body.

I took the book out of your hands, switched off the light.
The rib of night
was shining in the branches

Rękopis

torfowisko jesieni—coraz krótszy oddech topoli, olsz
szarych; karłowacieje światło, blade bonsai,
wczepione w nurt południa;
wiatr trąca tlejący susz,
drobnicę liści zawieruszonych w rulonie
metalowej siatki, jakby, bezgłośnie, składał słowa
obcego języka, wyczuwając
zgrubienia nerwów, wydrążone sylaby
pod szronem

Manuscript

autumnal peat bog—the breath of poplar and alder
shortens; light grows dwarfish, pale bonsai,
clutched in the ebb of noon;
the wind prods smoldering dry twigs,
debris of leaves trapped in a roll
of wire-netting, as if, voiceless, it pieced together words
in a foreign tongue, feeling
for knotted nerves, hollowed syllables
under the rime

Wynajęty pokój

kawałek dachu z przekrzywioną anteną i ściana, z drzwiami
uchylonymi na pusty balkon—
jesteśmy jak to odbicie wniesione do pokoju
na skrzydle otwieranego okna.

Światło z korytarza wabi już ćmy, obraz na szybie ciemnieje i miłość
mówi językiem o rozsypującej się składni;
pamięć jak pryzmat załamuje przeszłość—i ciągną nas
jej zawracające wiry, i szum dworcowej hali.

Zaledwie przeczuwamy, że poza bólem
nie będzie niczego bliskiego. Poza ręką, która przekręci
mosiężny uchwyt na framudze

A Rented Room

bit of a roof with a crooked aerial, and a wall with a door
slightly opened onto the empty balcony—
we are like this reflection carried into the room
on the wing of the window, opening.

Light in the corridor lures moths, the glass image darkens and love
speaks a language of scattered syntax;
memory, like a prism, refracts the past—we are pulled
by its returning whirls, and the hum of the railway station.

We barely perceive that, apart from pain,
there'll be nothing dear. Apart from the hand which will turn
the brass handle on the window frame

***

niski brzeg nocy przed nami, chłód; mokre wydmy
podchodzą bliżej, czerń w deszczowych porywach,
jakby światło na zawsze już
uwalniało się od materii. Uliczka zgiętą płozą
wrzyna się w mrok, jak w ławicę węgli,
wystygłych; rozbijany na bryły żywioł
przewala się po plaży, rozsypuje, pyli
w powietrznej niszy;
nie zapalamy lampy. Milczący, ogłuszeni;
sypialnia jak puste kąpielisko, ślepa muszla,
jak w morzu dudniącym naprzeciw

***

low shore of the night before us; cold; wet dunes
are coming closer; black in the gusts of rain,
as if light were finally freeing
itself from matter. The lane cuts its curved runner
into the dusk, as into a shoal of embers,
cooled; broken to lumps, the element
rolls over the beach, scatters, throws dust
into the air niche;
we're not switching the lamp on. Silent, stunned;
our bedroom like an empty resort, a blind shell,
as in the sea rumbling opposite

Brzeg

już od tamtej strony nie odgradza nas nic,

nawet mgły nad Bałtykiem i zimową plażą
które zniosły granice między żywiołami, rano, i dymią teraz
wysoko. Ani te stare łodzie wciągnięte na piach, ni lodowaty,
gorący

altostratus wody. Może jedynie
światło, poskręcane w oblodzone węzły, w linach
na promie—nim się wycofa i zmieni w ciężki gąszcz
w głębi chmur, intruzyjne złogi;
ścinki blasku u wyjścia z zatoki, rozlewający się
samozapalny płyn... Kwilą ptaki niesione przez powietrzną falę,
szkli się stoliwo nadbrzeża i pas kamieni, skorup
trawionych przez sól—jeszcze, przez mgnienie,

światło
wymieszane z bryzgami przyboju. W nierównym wietrze
jego spłoszony dotyk; płożą się jałowce
obrane z igieł: rafa, wykruszona

rozmywana przez wydmy

The Shore

nothing separates us from the other side any more,

not even fogs over the Baltic Sea and the wintry beach
that abolished borders between elements this morning and now fume
high up. Neither these old boats hauled onto the sand, nor the icy, hot

altostratus of water. Perhaps only
the light, twisted into ice-bound knots, in ropes
on the ferry—before it withdraws and turns into a dense thicket
deep in the clouds, into an intrusive concretion;
filings of glow at the bay mouth, self-igniting
fluid that spills… Borne on the air wave, birds cry;
sheen of the shore tableland and the bar of stones, shells
etched out by salt—for yet another moment

the light
blends with the spindrift. In the uneven wind,
its startled touch; junipers trail,
peeled of their needles: the reef—crumbled,

washed away by dunes

Nad ranem

budzić cię, nad ranem: ciężarem półsennych palców,
zanim zadzwoni budzik, przed podróżą; nim
dworcowe poczekalnie, perony

wezmą nas na własność, otoczą metalową powłoką,
zimnem. Światło dopiero montuje swoje instalacje,
z mroku wytrąca poskładane ubrania, książki
i sól

nadmorskiego brzasku
przesypuje się na wewnętrzny parapet. Chmury coraz mocniejsze,
skomplikowane: odmładzany masyw, z zawieszonymi gdzieś
kotłami dolin, dni; wietrzejące w pół skoku lawiny
nad skrzydłami mew, osuwisko mroku,
pamięci, która jak milimetrowy papier—zatrzymała drobiazgi,
unerwione okruchy; ten gest,

sposób, w jaki odpinasz pasek zegarka i zsuwasz
z przegubu, to już tylko zapis w czarnej skrzynce, znalezionej
na płyciźnie nocy, w strużynach
snu; dotyk jak otwieranie

zgłoski, przeciągnięcie jej w szept...
Obudzić się, słuchać—
jak zrywają się ścięgna tamtych godzin, i minuty wracają
i wiodą, już pozbawione chronologii,

samoistne życie (drga magnetyczna igła:
pamięć)

In the Morning

to wake you up, in the morning; with the weight of my half-asleep fingers,
before the alarm clock goes off, before the journey; before
waiting rooms and platforms

claim us as their own, envelop us in a metal hull,
in cold. Light is only just mounting its installations,
depositing from the dark our folded clothes, books
and the salt

of a seashore daybreak
is spilling on the inner window-sill. Clouds stronger and stronger,
complicated: a rejuvenated massif, overhung
with cauldrons of dales, and days; avalanches weathering in mid-leap
above the seagull wings, a rockslide of the dark,
of memory, which—like plotting paper—has arrested details,
nervate particles; this gesture,

the way you unstrap your watch and slip it off
your wrist, is merely a black box record found
in the shallows of night, in the runnels
of sleep; touch like an opening

of a syllable, drawing it out into whisper...
To wake up, to listen—
how tendons of those hours break, the minutes return
and lead, deprived of chronology,

an autonomous life (the magnetic needle quivers:
memory)

Staloryt

rozbielone małe ścierniska—miejsca po astrach, piwoniach,
ze świeżym śladem po wywózce liści, koleiną
pośród kretowisk; śnieg niespiesznie zaciera
skalny garb listopada. Mrok wchodzi w łowny

nadziemny korytarz, jak farba—warstwami—w rowki
żłobione rylcem: w rozkopane przedmieście, torowisko,
wyludniony bulwar. Pigment snu, nierozpuszczalny w wodzie
ani olejach; ciemność jak sporysz

wdała się w ziarno deszczu, źrenic
polerowany metal. W szyby. I znajduję wargami
niebieską żyłkę na twojej skroni, i rozprowadzasz
wnętrzem dłoni, gorącym językiem,
położoną na skórze welaturę czerni

Steel Engraving

small whitewashed stubble fields—patches without peony or aster,
with fresh tracks after the leaf removal, ruts
among mole-hills; snow leisurely blurs
the rocky hump of November. Dusk enters the hunting

overground corridor, like paint—layer after layer—the grooves
a burin etched: enters the dug-up suburbs, trackway,
emptied boulevard. The pigment of sleep, not soluble in water
nor oil. Darkness like ergot

has penetrated the seed of rain, the pupillary
burnished metal, the window panes. And my lips find
a blue vein on your temple; and your palm,
your hot tongue, spread
on the skin the primer of blackness

Elegia zimowa

jak prędko: cicha zachłanność bieli;
czernieje, ginie w rozpadlinach drogi kruche stado wron.
Jasny mój oddech na szybie. Złamane fioletem, szerokie,
rozwarte pola. Wyschnięte stawy, uległe
jak pod dotykiem delikatnej ręki,
jakby to nie był bandaż mrozu.
Stygną wzgórza ponad czubkami jabłoni i olszyn,
w oknie daleko zapala się światło. Iskry ciepła wędrują
w popiół zmierzchu
i kromkę chleba bezwiednie łamię:

my, jak prędko, w rozpadliny czasu, w głuche
i podobne do kamienia.

Winter Elegy

how fast: the calm avarice of white;
a fragile flock of crows darkens, vanishes in the cracks of the road.
My breath bright on the window pane. Subdued with purple, vast,
wide-open fields. Dried-out ponds, docile
as under the touch of a gentle hand,
as if it weren't a bandage of frost.
Hills are cooling over the tops of apple trees and alders,
a window in the distance lights up. Sparks of warmth wander
into the ashes of dusk
and, not thinking, I break up a slice of bread:

we, how fast, into the cracks of time, hollow
and like stone.

***

powrozy szronu w rowie: nie przedarło się nic,
nie przemknęło (chyba że pod ziemią, w wodzie
pełnej nagiego nieba); rzeczka wylała,
pole do połowy zamarzło i wiatr wygarnia ostry pył
z redlin niknących gdzieś pod lodem.
Dzień—kłąb pajęczyny
wetkanej w niebo; skolonizowane,
podbite życie. Wyssane przez mróz, lekkie
niczym skorupki porostów na kamieniach; żyć, świszczy wiatr,
żyć, inaczej niż liście... i śmierć niechaj będzie
jak śnieg, co chroni ziemię
przed zupełnym zamarznięciem

***

ropes of rime in a trench: nothing has waded through,
nothing has slipped past (unless under the ground, in water
full of a naked sky); the small river flooded,
field half froze, and wind is scooping sharp dust
out of the furrows vanishing beneath the ice.
Day—a skein of cobweb
woven into the sky; colonized,
subdued life. Sucked dry by frost, weightless
as lichen crusts on stones; to live, whistles the wind,
to live, unlike the leaves … and may death be
like snow that protects earth
from utter freezing

***

deszcz w wyżłobieniach oblodzonych godzin, pada przez skórę
i krew, jakbym dawno umarła i ciało

nie było przeszkodą; ciemnieje pokost
bezmiłosnych nocy. Domy grzęzną w mule przybrzeżnej mgły
i twój głos, stamtąd, jest wykruszającą się spoiną
w ścianach
rozbieranych cegła po cegle. Wyspa ledwie się żarzy,

ten opuszczony nisko
wieloramienny pająk na końcu długiej liny, kamienny
kandelabr. I mały port:
zwieszone ze spodu sklepienia

rozmarzające ognie, trącane podmuchem,
deszczem; w otwartej—w każdą stronę—
nawie

***

rain in the runnels of ice-locked hours, falling through my skin
and blood, as if I'd been long dead
and my body

was no longer an obstacle. Varnish of loveless nights
darkens. Houses are sinking in the silt of the onshore mist,
and your voice, from there, is crumbling mortar
in the walls dismantled brick by brick.
The island barely glows—

this spider lowered on a long cord, a rock
candelabra. And the small port:
unfreezing fires, suspended from the ceiling,

nudged by the wind,
by rain; in the open—onto every quarter—
nave

Ósmego dnia

Rzeka, jej wypalony pień na brzegu ośnieżonego miasta.
Drzewa, jakby przeszły przez ogień, śnieg
osmolony ich czernią; wrony nad krą czerwonych dachów
jak dym, opadający, ukrytego pożaru.

Wrócił poszukać zgubionej rękawiczki;
zerwał się wiatr, ale omijał ludzi,
niewysokie przeszkody w powietrzu.
Wypełniało się niebo, jak płynąca sieć, później schło
rozwieszone na żerdziach wieczornego światła.

Patrzył w małe słońce wyłowione z dna,
w jego zamknięte skrzela,
gdy wiatr się zmienił i—uderzył w niego, i wiał
jakby trafił na wyręb

On the Eighth Day

River, its burnt-out trunk on the verge of a snow-covered town.
Trees, as if they'd been through fire, the snow
soiled with their black; crows over the drift ice of red roofs—
like smoke, descending, from a hidden blaze.

He returned to search for a lost glove;
a wind rose but avoided people—
low obstacles in the air.
The sky filled up, a floating net, then dried,
hung across the posts of an evening light.

He was gazing into a small sun fished out from the deep,
into its shut gills,
when the wind changed and … hit him, blew
as if it struck on a clearing

***

linia śniegu i nocy—słońce jak wymarzający kamień,
czerwonawy porfir, pod fartuchem skalnego gruzu,
zwietrzeliny, co się osuwa, piętrzy elipsy

nad horyzontem; pustynne obrzeże
styczniowego dnia, zasypane mrozem powietrze. Brzozy
rysowane kredą na śniegu, zostawione deszczom.
Poderwane hałasem silnika
kołują wrony.

Lód od dawna żywi się wodą i szpikiem dni, zajmuje szyby
nieogrzewanej werandy; rzeczy ostygły
i każda w swojej formie

gotowa do wyjęcia.
Iskrzy lodowy pył, sypie na balkon, znikąd—
jakby zachwiał się w słońcu śnieżny most, w górze
nad niewidoczną szczeliną

***

the line of snow and night—sun like a freezing stone,
ruddy porphyry, under the apron of rock rubble,
weathered waste that slides down, piles ellipses

above the horizon; the barren edge
of a January day, frost-powdered air. Birches
drawn in chalk on the snow, left to the rains.
Startled by the noise of an engine,
crows are whirling.

Ice has long fed on water and the marrow of days, it claims
the glass of the unheated veranda; things have cooled down
and each in its mold

is ready to be taken out.
The ice dust sparkles, strews the balcony, from nowhere—
as if in the sunlight a snow bridge trembled, high up,
over a hidden crevice

***

wbiegliśmy w szorstki cień dębu, z psem, w lutowej pełni.
I byliśmy jak sroki

w wypalonej przerębli, jak pstrągi
rzucone w pokruszony lód

***

we ran into harsh shadow of an oak, with our dog, in February full moon.
And we were like magpies

in a burnt-out air hole, like trout
thrown into crushed ice

***

słup czerwieni moknie w wodzie pod lasem, ledwie
zanurzony; bale chropowatego zmierzchu, równo poucinane,
zszarzałe, spiętrzone jak w sągu;—ślizga się promień
na smołowanych palach
trzymających pomost, kolebiącej się boi. Drzazgi
w zapachu powietrza—

chwyta mróz, jak wtenczas, gdy w białym świetle śnieg
zaczynał padać w wodę: prószył w ciemniejący miąższ
oszronionej godziny.
Nurt odsłaniał, niósł grubiejące zrosty, blizny.
Jak zerwane końce krwią nabiegłych pędów
kołysała się ciężko, w jednym miejscu—czerwień,
jak rój, rozdrażniony, w oknie wody,
za którym ciemność

***

a pillar of red soaks in the water by the woods,
barely immersed; logs of coarse dusk, cut evenly,
greyed, heaped as if in a cord; a sunbeam glides
over the tarred piles supporting the pier,
over a rocking buoy. Splinters
in the scent of the air—

freezing cold, like that time when, in white light, snow
began to fall in water: it sifted into the darkening flesh
of the hoary hour.
The current bared and bore thickening adhesions, scars.
Like broken and blood-shot offshoots, the red
was swaying heavily, in one spot;
like a swarm, irritated, in the water window,
with darkness outside

Odwilż

jakby ciężar obłamującej się gałęzi oddzierał korę, odsłaniał
miazgę żywego drzewa—

brzask; płaskie drzazgi wchodzą w rozmarzający staw,
sypią się na bramę i dach pustej szklarni.
Kora na pniu nocy wysycha
i pęka—od ziemi do nasady korony,
i świeci próchno.
Ale barwy nabierają głębi, robią się lśniące, czystsze,
jakby życie miało się dopiero rozpocząć.
Otwierają się żyły w śniegu, pełne skrzepłej trawy, piachu,
pęczniejących iłów—

piją z nich wrony

Thaw

as if the weight of a snapping branch stripped off the bark, revealed
the pulp of a living tree—

daybreak; flat splinters enter the thawing pond,
strew the gate and roof of the empty greenhouse.
The bark on the trunk of the night dries out
and bursts—from the ground to the crown's base,
and touchwood lights up.
But the colors deepen, gain brilliance, clarity,
as if life were yet to begin.
In the snow, veins open up, full of clotted grass, sand,
burgeoning silt—

crows drink from them

Przedwiośnie

Pękł okular lodu na stawie.
Po odrętwiałych, ołowianych dniach, wreszcie!—
przymierzanie cieni.
Doszywanie ich do wszystkiego: do kikutów róż
w ogrodzie i rzęs, i garaży. Wydłużanie,
ścinanie, przy bieliźnie trzepoczącej w słonecznym
przeciągu.
Nakładanie białych pokrowców na bryły domów,
na ludzi.

Spławianie po pagórach
ciężkich tratw ze śniegiem

Before Spring

The ice monocle on the pond broke.
After the numb, leaden days, at last!—
a trying-on of shadows.
Sewing them to everything: the stumps of roses
in the garden, eyelashes, garages. A letting-down,
trimming, near the linen that flaps in the sunny draught.
A putting of white dustsheets on houses, and people.

A floating, down the hills,
of heavy rafts with snow

***

zaśnieżona wysoko poręcz przy schodach—to na niej
został ślad twojej ręki; coraz starsze słońce, jego

marcowy język, nieustępliwy,
między twoimi palcami...

***

snow piled high on the stair rail—here
your handprint remains; sun grown older,

its March tongue, unrelenting,
between your fingers…

***

dzień zaczepiony o słoneczne druty, na wpół wyrwany ze zbocza, z korzeniami
obwieszonymi ziemią; szarzeją szwy przyciętych konarów
na marcowym niebie. Obrzęki,
odrośla godzin—ich ciemność przetrwała,
jak płat śniegu w cieniu ścian
skalnego kotła; nasze ostatnie rozmowy, słowa—
zgorzelinowe rany. Słowa zaciskające się w pierścienie, szorstko,

jak słoje w pniu jabłoni, uschłej poprzedniej zimy, i której kiedyś
czytaliśmy z ust

***

day caught on the sunny wires, half pulled out of the slope, with its roots
sagging under the lumps of soil; stitches on cut boughs are turning grey
against a March sky. Swellings,
the offshoots of hours—their darkness has survived,
like a snow patch in the shade by the walls
of a rocky cirque; our last conversations, last words—
gangrenous wounds. Words contracting into circles, coarse,

like rings of that apple tree which withered last winter, whose lips
we once read

W cieniu

pachnie i brzęczy powietrze,
kasztanowce dopiero rozkwitły, stoją ciężkie,
w wilgotnej zieleni; ukradkiem
uwodzisz mnie
promieniu słońca, dosięgasz:
jak Zuzanna, młoda i czysta, kąpie się przede mną
śmierć,
coś nuci cicho, włosy skręciła w węzeł i upina do góry
klamrami z kości, odsłaniając szyję, dla moich ust?
Pomalowanych szminką?
Wiatr wywiewa zza domu świeży zapach drewna,
wielkich sosnowych bali, zwalonych w sągu, przy drodze;
woń żywicy,
mocniejsza przed wieczorem,
w notesie numer telefonu, który trzeba wykreślić
—jak barwna, zdobiona poduszka dzień się wysuwa
spod głowy

In the Shade

the air's filled with fragrance and humming,
chestnut trees have blossomed and stand heavy
in the moist green; furtively
you seduce me,
sunlight, you reach me:
like Susanna, young and chaste, death
bathes before me;
she hums, twists her hair into a bun and pins it up
with bone clasps, exposing her neck—to my lips?
With lipstick on?
Wind carries off the house the fresh scent of wood,
huge pine logs, heaped in a cord by the road;
the smell of resin
stronger towards the evening,
in the diary a phone number to cross out
—like a colorful adorned pillow, day slips
from under the head

Portret

niemal w bezruchu oboje, w szczelinie
rozsychającego się dnia; gazety,
książki, cień w ogrodzie—coraz to
odkładane czytanie, leniwe doń powroty;

popołudnie rozpięte na słonecznym stelażu,
godziny w ciężkich, luźnych gronach, przejrzałe,
osypujące się przy dotyku; tłocznia, z której wypływa
ciemniejący sok.
Podmuch sosen rozprzęga skwar, ale nie schną
krople potu na skórze, zbierają się nad obojczykiem,
nad wargą, gdy pijesz zmrożoną miętę;
twoja stopa w trawie dotyka mojej—

jedno kończy się wewnątrz drugiego
i zaczyna, jak kolory w widmie świetlnym

Portrait

nearly motionless, both of us, in the cleft
of a drying-up day; newspapers,
books, the garden shade—every now and then
a pause in our reading, unhurried return;

afternoon spread across a sunny rack,
hours in heavy, loose clusters, overripe,
falling apart when touched; a press overflowing
with the darkening juice.
Breeze off the pines disrupts the swelter, but sweat drops
on the skin won't dry, they pool above your collarbone,
above your lip, while you drink the iced mint;
your foot in the grass touches mine—

one ends inside another
and begins, like colors in a spectrum

Przy śniadaniu

przyniosłeś gazetę i mogliśmy, po raz pierwszy,
obejrzeć te fotografie: ogniwa, powyginane,
wymierających galaktyk, amonity zapadające w muł
kosmicznego rowu; nad nami, z nocy jeszcze

labirynt stromych progów, listew
spiętrzających światło: rtęciowe cieki rozcinały stok
i słońce, niczym wywierzysko—wylewało się z małej kotliny

w morze. Chlapało na papier, przez sito żółciejącej śliwy,
na stół nakryty do śniadania; dymiła kawa,
kot obwąchiwał druciany uchwyt do wędzenia ryb,
przeciągał się pod twoją ręką. Przez galaktyki

jak przez uszkodzone muszle
przepływała ciemność, wymywając z komór
planetarny osad

At Breakfast

you brought the newspaper and for the first time we could
inspect these photographs: chain links, warped,
of dying galaxies, ammonites sinking into the silt
of a cosmic trench. Above us, still of the night,

the labyrinth of steep cataracts, ledges
damming up light: mercurial watercourses were carving a slope
and sun, like a karstic spring, was spilling over a small glen

into the sea. Splattering on the paper, through the sieve
of a yellowing plum tree, on the table set for breakfast;
coffee steamed, the cat sniffed at the wire rack for smoking fish,
he stretched under your hand. Through the galaxies,

as if through damaged shells,
darkness was flowing, rinsing their chambers
of planetary sediment

W ogrodzie, boso

strącam mrówkę ze stopy
i patrzę, co zrobi z darowanym życiem,
z tą swoją kroplą czasu.
W żółtym świetle ścieżki, jak dogania inne,
zabijające właśnie jakiegoś owada, ruchliwe, żarłoczne.
Nieświadoma mojego, przez mgnienie, wahania.

Przy gorącym kamieniu, w ulewie słońca, ciężkich owoców
tyle tylko widzisz oko podobno przenikliwe,
ślepe oko poety:
tylko ten drapieżny kwiat o pięknej greckiej nazwie
(thanatos), jak otwiera się i zamyka.
I nie możesz tego pojąć ani sprawdzić w żaden żywy
sposób. Tego, co tobie też będzie raz na zawsze dane;
niemal czarne, słodkie
zerwane wiśnie krwawią w mojej dłoni

In the Garden, Barefoot

I brush an ant off my foot, watch
what it's going to do with this gift
of life, with its own drop of time.
In the yellow light of the path, it catches up
with others, killing an insect now, in a scurry,
voracious. The ant unaware of my,
momentary, hesitation.

By the hot stone, in the torrent of sunshine
and weighty fruit, you can see only that much,
you—an eye deemed observant,
blind eye of the poet:
only that predatory flower with its beautiful
Greek name, thanatos, as it opens up
and folds back in.

You cannot comprehend it, nor test it
in any live way: that which you, too,
will be given once and for all;
sweet, almost black,
the gathered cherries bleed
in my hand

Psy

zwęszyły coś, więc zajrzałam pod liście funkii.
Zamknęłam psy i wzięłam z kuchni słoik—
żaba wtoczyła się do środka, powalana gliną
i chyba przerażona. Gdy niosłam ją do rzeki
przez podmokłe pole, przypomniał mi się fragment
czytany rano, o byciu w harmonii z życiem, bez idei
jakie powinno być, bez pragnień;

pozwól życiu być takim, jakie jest i odpręż się—
przypominałam słowo po słowie, wypuszczając żabę,
w półcieniu
woda miała połysk woskowanego drewna
i dno zmielone na piach. Topik siedział w swojej
podwodnej stacji, w dzwonie pajęczyny.

Wracałam groblą;
słowa brzęczały w ciężkim słoju
dnia, jak odymione pszczoły, żądliły. Psy patrzyły na mnie
przez oszkloną werandę—

The Dogs

smelled something, so I peered under the funkia leaves.
I locked them inside and took a jar from the kitchen—
the frog waddled into it, soiled with clay
and probably terrified. As I was carrying her to the river
across the marshy field, I recalled a passage
I'd read this morning, about being in harmony with life,
without ideas of what it should be, without desires;

let life be what it is and relax—
I recalled word after word, letting the frog go;
in the half-shadow the water
was glossy like waxed wood,
its bottom ground to sand. The water-spider sat
in its underwater station, in the bell of cobweb.

I returned along the causeway;
the words droned in the heavy jar
of the day, they stung like fumigated bees.
The dogs watched me
through the glazed veranda—

Niebo Anaksagorasa

obsychają byliny. Fala wielorybich wzgórz
rozlewa się za rzeką—płycizną pola, łęgu; blisko,
z samego brzegu, w wychłodzonej wodzie
leżą olchowe szyszki; wydma grubego żwiru,
otoczaków, pełna jest twardych, prędkich lśnień.
I rumosz chmur, jak wyorany z ciemnych iłów, osiada wyżej,
pod powierzchnią—
wkładam rękę do wody, w jej sprawne sidła,
żerowisko nartników;

niebo w rękawie zatoki, osłonięte od prądu, wysadza korzenie
przybrzeżnych wierzb (niebo, jak usypane z kamieni
co pospadałyby może

gdyby ich lot był powolniejszy)

Anaxagoras's Sky

Perennials are drying up. A wave of whale hills
spills vast behind the river, by way of field shallows and marsh meadows;
close, right by the shore, in the cooled-down water,
alder cones lie; a dune of fat gravel
and pebbles is full of harsh, fleeting glints.
The rubble of clouds, as if ploughed out of dark silts, settles higher,
under the surface—
I put my hand in the water, into its deft snare,
pond-skaters' feeding ground;

sheltered from currents, sky in the bay's sleeve pushes up roots
of onshore willows—the sky, as if mounded from stones
that might have fallen

had their flight been slower

Jastrząb

sukno wody zgniecione zimnym wiatrem, granatowe, ciężkie,
rozdarte; łopot skrzydeł, gwałtowny,
daleko od brzegu—jezioro błyska w słońcu
stalowym ostrzem;

krew, materia prima. I przeczesuje na oślep
otchłań, co ją przepełnia,
dławi

The Hawk

water fabric creased by a cold wind, marine-blue, heavy,
torn; the wing-flutter, impetuous,
far from shore—in the sun the lake glints,
a steel blade;

blood, materia prima. Headlong it combs through
the abyss that engulfs,
throttles it

***

jak ty umrzesz, taki do siebie przywiązany, ze słońcem
między igłami sosny, jasny dniu? Z tym

jaskrawym blaskiem w lusterkach samochodu,
gdy wjeżdżam w leśną drogę; z czerwieniejącą kulą

nad pociemniałą, rozoraną ziemią
za stawami, nad bruzdą pola wrażliwą na dotyk stóp.
Gdy wiatr otwiera niebo—i żadnych śladów
w koronach drzew. Dniu—

z żółknącą pokrzywą na ścieżce, przy zejściu
do wody, z komarem, nieostrożnym, na moim nadgarstku
—umrę? taka do ciebie przywiązana
i do nocy, do miłości; niebo jak okorowana kłoda

wgnieciona w darń na wzgórzach.
Pod nią dziurawe szczawie tłoczą się w mokrym pęku.
Wzrok wczepia się w obłok, w szarość—jej odwinięty
rozpalony brzeg

***

how are you going to die, bright day, attached so much to yourself
with sun between pine needles? With this gaudy glare

in the mirrors of my car, when I'm entering a forest road;
with the reddening ball above darkened, ploughed earth

beyond the ponds, above the field furrow sensitive to the touch of feet.
As the wind's opening up the sky—and not a single trace
in the tree crowns. Day:

with nettles yellowing on the path
down to the water, with a gnat, careless, on my wrist.
To die? attached so much to you,
to night, to love; sky like a barkless log

pressed into turf on the hills.
Below, dock full of holes flocks into a damp clump.
The gaze clutches at the cloud, at the grey—its turned-out
blazing rim

Po deszczu

wlewa się ogień w parującą wilgoć nad łąką, w czerwień
dzikich malin zarosłych pokrzywami—jest mocny, otwiera
własne przejścia; godziny żółkną, zasychają brzegami.
Odbijająca się w wodzie gęstwina
jest jak tąpnięcie nocy, jakby dzień, odchodząc,
zostawiał nam swoją ciemność.

Gorący wiatr ukosem poniósł chmarę motyli.
Drży w upale powietrze nad tobą, gdy zrzucasz sandały i biegniesz,
niewidoczny dla siebie,

w stronę ciemniejących fal;
wlewa się ziemia w czerwonolistne brzozy
deszczem minerałów

After the Rain

fire pours into the damp steaming above the meadow, into the red
of wild raspberries grown over with nettles—it is strong, it opens
its own passageways; hours turn yellow, they dry around the edges.
Reflected in the water, the thicket
resembles a collapse of night, as if day, departing,
was leaving us its darkness.

Hot wind has borne, slantwise, a swarm of butterflies.
The air quivers above you when you shake off your sandals and run,
invisible to yourself,

towards the darkening waves.
Earth pours into the red-leaved birches
its rain of minerals

***

I.

Na powrót morze w mojej krwi—

podcina falą przyboju, rozmiata w żwiry i piachy urwisko dni; miłość
wraca do ziemi.

Morze w miedzianej masce zachodu, gdzie martwi kołyszą żywych.

Opustoszałe molo. Słony wiatr—chropawa monodia
która powraca, nagli: żyj tak jak świat żyje—wiecznie się odradzając,
jak morze niszczące to, co zbudowało: klify, gorące plaże, mierzeje.
Jak ogromniejące morze, co samo siebie z łoskotem przetacza
przez nabrzeże ciemności.

Wąskie, postrzępione chmury pędzą z tężejącym wiatrem,
podnosząc za sobą grzbiety fal.
I spieszy się całe niebo, aż w ciemny spieniony bok morza

wbija się noc swym okutym szponem.
Mam wiele oczu, jak sierść i pióra zwierząt; serce
na powrót bije w swoim kostnym koszu.

***

I.

And again the sea in my blood—

riptide undercuts the crag of days, churns it into gravel and sand;
love returns to earth.

Sea in the copper mask of sunset, where the dead rock the living.

Deserted pier. Salt wind—a hoarse monody
that comes back, impels: live as the world lives, perpetually reborn;
like sea that destroys what it builds: sandbars, hot beaches, cliffs.
Like an ever enormous sea that rolls itself with the rumble
over the quay of darkness.

Narrow frayed clouds stampede with the gathering wind,
lifting the ridges of waves. And the whole sky hurries,
until night wounds the dark foaming flank of the sea

with her ferruled claw.
I have numerous eyes, like fur and feathers; and again
my heart beats in its bony basket.

2.

Pobłyskują rudowęglowce, mozolne owady, jakby w ładowniach
wiozły blask.

Z nadmorskiego bulwaru widzę Jaffę i zaułek, w którym przystanęliśmy
w upale nocy. I noc niosła nas w sobie
jak ucieleśniony sen.

(Pióra cirrusów nad ociągającym się o świcie morzem;
zasypiając, jego puls braliśmy za własny.)

Drży miraż miasta na długiej fali wydm.

Gruby deszcz właśnie zmoczył ulice, gałęzie—
słońce powoli w nie się zanurza, jak w beczkę z deszczówką.
Schną karoserie i libańskie cedry. Lśnią tryby maszynerii, która obraca,
przetacza kości życia, w zapachu jodu, alg.

2.

Glimmering coal ships, laborious insects, as if their holds
carried glitter.

From the seaside boulevard I can see Jaffa, the lane where we stopped
in the heat of the night. And the night bore us inside
like an embodied dream.

(Cirrus feathers over the sea lingering at dawn;
falling asleep, we took its pulse for ours.)

Mirage of the town quivers on the long wave of dunes.

Fat rain has just wetted the streets and branches—
sun slowly immerses itself in them, as in a barrel of rainwater.
Car bodies and cedars of Lebanon dry. Cogs of the machinery glisten:
          it turns,
rolls the bones of life, in the scent of iodine and algae.

***

Stamtąd kochać grubą łuskę światła na wodzie
i śnieg mieciony wiatrem. Osmalane nad ogniem
gałęzie zim. Tam, na pustyni, w zamarłych piachach

patrzeć w to niebo, w krawędź ośnieżonego dachu
z obłamującymi się soplami dni.
Gdy miłość wraca i przypomina nam nasze prawdziwe istnienie.
Gdy składa ciało świata jeszcze raz, od początku,
i słońce wiąże obracającą się ziemię.
A śmiech dziecka pieni się, szumi w oblodzonym poranku.

Mieć znowu imię, które jak żebrowe sklepienie
da oparcie głosom ukochanych.

Stanąć w miejscu, gdzie był dom, w chaszczach wyczuć różnicę poziomów.
Niech śmierć spłoszy się jak wróble, a godziny iskrzą
w smugach porannego światła, gdy blask
wędruje z kąta w kąt.

Pić—to jezioro żyjące za zaporą z lodu,
gdzie chwila za chwilą rodzi się cały wszechświat,
kształty z krwi i snów, dźwięki, pragnienie, pot.

Gdzie wiatr nad wzgórzem rozwija chorągiew śnieżnego pyłu.
Naszczekuje ciemność—gdy zasypiamy przy sobie:
dwie łyżeczki w zamkniętej szufladzie, zapomniane podczas przeprowadzki
(kiedy na powrót stanę się rosą i chmurami, będę oddychać
tobą—

podpłyniesz jak morze
w nocy)

[84]

***

From there: to love the thick scale of light on the water
and snow swept by the wind. Singed over fire,
the branches of winters. There, in the desert, in the stilled sands

to look at this sky, at the rim of the snow-covered roof
with icicles of days breaking off.
When love comes back and reminds us of our true being.
When it pieces together the body of the world again, anew,
and sun ties up the revolving earth.
And a child's laughter bubbles, fizzes, in the icy morning.

Again to have a name: a rib vault
that supports voices of the loved ones.

To stand where a house was, feel among the weeds a difference in levels.
May death startle like sparrows, and hours sparkle
in the bars of the morning light, when brightness
wanders from one corner to the next.

To drink—this lake living behind the dam of ice,
where the whole universe is born moment after moment:
shapes of blood and dream, sounds, desire, sweat.

Where the wind unfurls above the hill a banner of snow dust.
Darkness barks, summoning, when we fall asleep side by side,
two teaspoons in a locked drawer, forgotten during a move
(when again I become dew and clouds, I will breathe
you—

you will surge close like sea
at night)

***

Gdy już sunący zboczem gruzowo-błotny strumień
rozerwie tę aluwialną pokrywę, życie, i wymiesza nas z gliną
i kamieniami,

poznam cię po korzeniu, po drobnej rdzy na blaszce pierzastego liścia.
Poznam cię po nasieniu i liściowych bliznach,
po ochronnej łusce na zimującym pąku—

będę całować cię
wargami z ziemi

***

When, rushing down a slope, a debris flow
bursts open this alluvial crust, life, and mixes us with soil
and stones,

I will know you by the root, by the rust on the lamina of a pinnate leaf.
I will know you by the seed and the leaf scars,
by protective scale on a wintering bud—

I will kiss you
with my lips of earth

Preegzystencje

Znałam cię u samego początku—

pełzałeś w owodniowej ciemności.
Stamtąd przyszedłeś: z wnętrzności ziemi—wybiłeś jak pierwotna rzeka
zasilana zimnymi deszczami, pocięta przez wiry.

Z oczami jak utopione gniazdo złotych os.
Z nogami przywiązanymi do śmierci.

Leżałeś przy mnie w rozdole złego snu,
skulona góra zasłana własnym gruzem.
Pąk na przemarzniętej gałęzi, zasychający,
gdy rozwinęły się już nowe liście
(zakreślił szeroko swe granice mróz, coraz głębiej
i głębiej przesuwał front marzłoci).

Świt parował z nozdrzy nieruchomego świata.

Pre-existences

I knew you at the very beginning—

you crawled in amniotic darkness.
You came from there: from the entrails of earth—you shot up
like a primordial river fed by cold rains, cut by swirls.

With eyes: a drowned nest of golden wasps.
With legs tied to death.

You lay next to me in the gorge of the bad dream,
a curled hill strewn with its own rubble.
Bud on a frozen bough, drying
after the new leaves had unfurled
(frost expanded its borders, pushing
the pergelisol deeper and deeper).

Dawn steamed from the nostrils of the motionless world.

Prognoza

Sceny myśliwskie i sceny żebracze; sceny miłosne;
panoramy wojenne, tokowiska;
tory wyścigów, domy mody, bestiaria, parki maszyn;

przycumowane w dokach nocy, jarzące się miasta;

ten blask oswobadzany z zimnego oparu, wydzierający się z toni,
gdy pułap chmur nad morzem podnosi się trochę i niebo
poszarpanymi zatokami, cieśninami
opływa cumulusy—

to wszystko spłonie.
Nie zmieniwszy się nawet w skrypt skorup i kości.
Wody wyparują, pierzchną piany obłoków i gór,
przemienność śmierci i zmartwychwstań

i dusza świata—dzika, radosna—nie utworzy inkluzji
pod warstwą nawianego piasku. W błotach,
deltach rzek, bagnach, asfalcie, bursztynie.
Podcięte, zamrą korzenie, przy swoich warsztatach tłoczące życie
w pękate pąki dni.

I ziemia zniknie w gardle nicości jak nakrapiane jajko
odnalezione w płytkim, wyścielonym trawą
wgłębieniu czasu.
            Ogniu, który wiesz wszystko—
jaką zmarzlinę przykryje ten popiół,
ta kostna czerń?

Prediction

Hunting scenes and beggar scenes; love scenes;
panoramas of wars, crowing displays;
racetracks, fashion houses, bestiaries, machine parks;

moored in the docks of night, glowing towns;

this glow freed from the cold fumes, wrenched from the depths,
when cloud ceiling above the sea lifts a little and sky
encompasses cumuli with its jagged bights and straits—

all of this will burn.
It won't transform into the scripture of shards and bones.
Waters will evaporate; the foam of clouds and hills,
the alteration of deaths and resurrections, will disperse;

and the soul of the world—wild, joyful—won't create inclusions
under the layer of blown-in sand. In mud,
river deltas, swamps, asphalt, amber.
Cut, the roots pumping life into the rotund buds of days
will die down at their workbenches.

And earth will vanish in the throat of nothingness
like a speckled egg found in a small grass-lined
hollow of time.
        Fire, you who knows everything—
what permafrost will be covered with this ash,
this bone black?

***

Słońce pojawia się tylko wczesnym rankiem i późnym popołudniem,
jak pustynna, jaskrawa roślina, co nie chce tracić wilgoci.

Rozsypane w trawie lodowe ziarna płoną wtedy
acetylenowym blaskiem.
Palą się polodowcowe rynny i wytopiska w oszronionych lasach,
zatorfione jeziora o wodach barwy jodyny, do których zwalono
ciemne foliały chmur;
spala się świat, który u Platona był ogniem, wodą, powietrzem i
ziemią. Nade wszystko ogniem, wznieconym z lodu, kamienia,
aby świat był widzialny.

***

The sun appears only early and late:
a blazing desert plant
anxious to shed no moisture.

Then grains of ice scattered among the grass
burn with an acetylene glow.
In frosted forests, glacial troughs
and potholes burn; peat lakes
burn, their iodine
waters turfed with dumped
dark folios of clouds.
The world burns... Plato's world
was fire, water, air, earth;
but of all these—fire
kindled from ice and stone
to render the world visible.

***

Spłoń, nie przychodź już w snach; dawnego świata nie będzie.
Czas wtłacza go jak morenę pod szarżujący lodowiec.
Spękany zimny jęzor zliże twoje drapieżne imiona, usta
w których rosło morze; jedno szarpnięcie, zryw—

rozgniecie twoje uda, zdławi głód, co wiódł mnie ślepym łożyskiem
oskrzydloną jak owoc klonu.

Płyń—w rozstawioną sieć ognia, w otwierające się
miłosne ciało nieba w pletni nerwów i tętnic.
Świetlista mieszanino pary wodnej, skrzydeł i burz.

Płyńcie, młode pędy snów, jeszcze bez kory, która by was osłoniła.

***

Burn down, don't return in my dreams; the known world will not go on.

Time crams it like a moraine under a surging glacier.
Its cracked cold tongue will lick off your predatory names,
your mouth where the sea was growing;
                                        one pull, assault—
it will crush your thighs, quell the hunger that led me,
winged like a maple seed, through a blind riverbed.

You, the luminous mixture of vapor, wings and storms—
swim on into the stretched net of fire, into the love body
of sky unfolding in the weave of arteries and nerves.

Swim on, young shoots of dreams with no bark to protect you.

***

1.

Nad klifem noc, uszczelnione smołą dno jej łodzi
jest skandynawskim grobem o burtach z głazów na sztorc;
kruszy się z chrzęstem lodowa szreń godzin i ginie światło

rozerwane na kry, tłumione przez sztormową ciemność.

2.

Wszystko zamarło na silnym mrozie, po opadnięciu wód;
holowniki i barki dni zepchnięte do brzegu—

rozproszył się, zapadł w sobie kamienny ładunek miasta.
Jak w ziemi, poruszyło się we mnie skrzydło uskoku: kopalne szczątki
miłosnych zaklęć, twoje imiona,
wskrzeszane gesty—jak wypiętrzany lód—wdarły się w lasy,
w lewady snów.

Księżyc rysuje taflę wąskim ostrzem łyżwy.
Czas rozłamuje się jak ciosany kamień, wzdłuż kruchej jasnej żyły
tamtej miłości.

***

1.

Over the cliff, night; the tar-sealed bottom of its boat
is a Scandinavian tomb with hulls of upright boulders;

firn ice of hours crumbles with a crunch and light perishes,
torn to floes, suppressed by stormy darkness.

2.

Everything died down in the stark frost, after the waters ebbed;
tugboats and barges of days were pushed to the shore—

the stone cargo of the town scattered, collapsed.
As in the earth, the wing of the fault moved in me: fossil remains
of love vows, your names,
resurrected gestures—like dammed-up ice—penetrated forests,
clearings of dreams.

Narrow blade of the moon's skate scratches the ice-sheet.
Time splits like a hewn stone: along the brittle bright vein
of that love.

***

Z serca, z jego ośnieżonej ściany, schodzą teraz lawiny pyłowe.
I samotność jest jak stare tektoniczne jezioro, o dnie
pełnym głębokich wżerów, zapadlisk, zamulonych rowów;

miesiąc temu—pomyślałabyś, że cię zagarnie?
Że wpłyniesz do jej wód jak ciepły strumień łąkowy
w którym życie iskrzy, wibruje, drga?

I będziesz budzić się w szarzejącym świcie,
jak na dnie ogromnego wykrotu ze sterczącymi ku niebu korzeniami,
a w twojej głowie będą krążyć padlinożerne ptaki?

***

Dust avalanches descend now the snow-covered wall: the heart.
And solitude is like an old tectonic lake, its floor
full of deep pits, collapse shafts, silted trenches.

A month ago—would you think it might engulf you?
That you might enter its waters like a warm meadow stream
where life sparkles, vibrates, quivers?

That you might wake at a greying dawn,
deep down the hole with roots jutting skyward,
in your head scavenging birds in a whirl?

***

Zostaw nam noc, jej klifową kipiel,
grzywacze, spienione zaprzęgi, pędzące w kierunku zatoki.
Niech miłość podchodzi i pije;

jak ptak, co z wysoka
upuszcza muszlę na cement nabrzeża i spada w ślad za nią—
niech z odłamków wydziobie nasze dusze;

jej spiętrzona fala niech wyniesie nas, wrzące drobiny,
z głębi nas samych: ze ślepych dolin, gdzie światło
gubi swe wody w szczelinach, a nicość
drąży systemy jaskiń.

Zostaw nam noc—jej przelewające się poidła;

zostaw to miejsce pod kamieniem—
jak larwy jętek i widelnic w górskim strumieniu
przylgniemy spoconymi ciałami blisko jego spodu
i śmierć nas nie porwie;

zostaw nam liście i kamienie.

***

Leave us the night, its seethe
under the cliffs, breakers: their foaming team
speeding towards the bay.
May love come near and drink;

like a bird that up high
drops a shell onto the stone quay
and dips after it—may love pick
from the broken bits our souls;

may its billow-swell lift us, seething particles,
from the depths of ourselves: from blind valleys where light
loses its waters to crevices, and nothingness
bores its systems of caves.

Leave us the night—its brimming troughs;

leave this place under the stone—
like larvae of day-flies and stone-flies in a mountain brook
we'll cling with our clammy bodies to its base
and death will not carry us off;

leave us stones and leaves.

***

Śmierć urządziła w tobie legowisko.
Zewsząd pościągała swoje stęchłe szmaty, zesztywniałe bandaże;
teraz szczerzy kły i znaczy teren.

Jesteś miejscem lęgowym jej czarnego ptactwa,
tarliskiem dla jej ryb.

Niczym tłustą ziemię, ćwiartuje ciebie korzeniami,
wąskimi naczyniami wędruje w tobie jak woda w roślinie.

Jesteś jej gliniastą doliną.
Przedłużeniem jej trwania: wytapia się w tobie jak bryła martwego lodu
pod okrywą żwiru, potem płynie, tworząc w piersiach widlastą deltę.
Zasypuje cię i zamula, jakbyś był starorzeczem: porzuconym
korytem.

Tkwi w tobie jak ciało w ciele.
Liczy twoje żebra, maca chrzęstne pierścienie wokół twego głosu.

Choć jesteś tylko ziarnem na jej mapie, sterczącą wysepką,
spada przez twoje rozgwieżdżone niebo;

puchnie w tobie, butwieje jak pień olchy zwalony w wodę.

Mógł zepchnąć cię tam wiatr, mogłeś zsunąć się po trzcinie—

światło wchodzi w ciebie przez usta, dotyka twego serca
i gaśnie. Pozostawia cię piachom,
jak pianę zdzieraną z wierzchołków fal.

***

Death has furnished her lair inside you.
She gathered all her stale rags, stiffened bandages;
now she bares her fangs and marks her territory.

You are a breeding place of her black fowl,
spawning ground of her fish.

She quarters you, fat soil, with her roots,
wanders in your vessels like water in a plant.

You are her clay valley.
You extend her existence: she melts inside you like a boulder of dead ice
under scree cover, then flows, urging a forked delta in your breast.
She sands and silts you up, as if you were an oxbow: abandoned
channel.

She is a body in your body.
She numbers your ribs, fingers cartilaginous rings round your voice.

Although you are a mere grain on her map, a jutting skerry,
she falls through your starry sky.

She swells in you, rots like an alder trunk felled into water.

Wind could have pushed you down there,
you could have slid there down the reed—

light enters through your mouth, touches your heart
and dims. It abandons you to the sandbar,
like foam stripped from the crests of waves.

[103]

***

Jak oksydowany oddech, para z ust,
jest ta oszroniona jabłoń, w głębi, przy wejściu do szklarni—
to ziemia mówi w wystudzonym poranku.

Mówią obłoki rozdzielone pasmami czystego nieba.
I chmura nadciągająca od widnokręgu, ze szczytem jak kowadło,
z ciężkim burzowym kołnierzem u podstawy.

Słychać jak dzień napręża stalowe cumy miasta, połyskując skorupą lodu.
Niesie nas, w rozkołysie.
Później wolno wybiera trzepocącą sieć, ładuje zawartość na statek
który nigdy nie wróci.

Przez sen, przez dymy mgieł mówią liście: „ostrożnie stawiaj swoje kroki.
Skóra ziemi, spójrz, jest cała zrobiona z ciał, którymi byliśmy".

Ale umarli milczą.
Kopią studnie w powietrzu w bezchmurne, bezlistne noce.
Piją nasze oddechy nad wygaszonym miastem,
obracającym się na kotwicy

***

Like an oxidized breath, mist from a mouth,
this frosted apple tree, at the back, near the greenhouse door—
it's the earth that speaks at the cooled-down daybreak.

It's the clouds that speak, parted by strips of clear sky.
Cumulus approaching from the horizon: its peak an anvil,
a heavy storm collar at its base.

Day tightens the mooring chains of the town, its crust of ice glints.
It carries us in a sprawling roll.
Then slowly hauls the flapping net, unloads it onto a ship
that will never return.

Leaves speak in dreams, in the smoke of mists, "Pick your steps cautiously.
Skin of the earth, look, is all made of bodies we used to be."

But the dead remain silent.
They dig shafts in the air on cloudless, leafless nights.
Drink our breaths over the switched-off town
revolving at its anchor

Jeziora

1.

W końcu wszystkie bez wyjątku staną się lądem.
Żyzne dopływy, osuwające się brzegi—to przez nie przeminą.
Deszcz drobnych jak pył wapiennych płytek
utworzy w nich grube pokłady kredy.
Brzozy i czarne olchy zarosną je od brzegów.
Kilka, kilkadziesiąt tysięcy lat, zależnie od wielkości, tyle będą żyły
szczeliny ciemnej wody błyskające między wzgórzami,
ciężkie misy jeziorne wyżłobione w zwałowych glinach,
na prekambryjskim fundamencie.

2.

Małe brunatnowodne jezioro z ptasim gniazdem wysepki—
przemierzone długością mojego życia
jesteś niemal wieczne. Przy twoim, moje życie to zaledwie
bruzda deszczowych żłobin.

Jednak ląd wszedł już w ciebie. Tracisz otwarte wody.
Przybrzeżny sit i oczeret krok po kroku budują już sobie dno i kiedyś
dojdą nim aż na środek, gdzie teraz nurkują mewy.

Pracują w nas ramiona tej samej delty.
I dni, jak płaskodenne łodzie, obijają się o siebie burtami, kołysane słońcem
w małej zatoce—

ta sama fala
mnie i ciebie, i każdy patyk niesie, i nigdy nie ustaje

Lakes

1.

In the end each and every one will become land.
Fertile tributaries, sliding banks—these cause their lapse.
The rain of limestone plates, fine like dust,
will grow inside them thick layers of chalk.
Birches and black alders will claim them from the shore.
Thousands, dozens of thousands of years, depending on the size:
that's how long they will live,
chinks of dark water glinting between the hills,
heavy lake bowls eroded in boulder-clay
on the Pre-Cambrian foundation.

2.

Small brown-water lake with a bird-nest of an island—
measured with the span of my life,
you're nearly eternal. Next to yours, my life's just
a groove of rain runnels.

And yet land has already entered you. You're losing your open waters.
Offshore reed-mace and club-rush are building a floor for themselves:
step by step they'll walk it to your center, where gulls dive now.

Arms of the same delta toil inside us.
Days, like flat-bottomed boats, knock hull against hull, rocked by sun
in the small bay—

the same wave
carries me and you, and every stick, and never stops

Ona

Ona, która jest we mnie domem o podwójnej skórze ze szkła.
Która przykłada mnie do warg jak zamarzłą rzekę.
Zlizuje pot z kamieni.

Ona, która ma wargi zbielałe od nadciągających szkwałów,
w oczach stalowe światło, po horyzont.
Ona, która ma wilczą sierść, dobija swoje zranione młode, patrzy
jak czołgam się do wody—

świecące, ostre morze uderza w brzeg
i strzępy życia jak piana osiadają na granitowych łbach;
pamięć, sztormowa fala, niesie w cielsku luźne rumowisko: gruz, odłamki,
pył.

Chmury
ponad tą krwią.
Niebo, co staje się i przemija, rozmywa w pustce i mrozie.

Ona, która ma moją twarz sprzed narodzin.

Ona, która przydławia tlen.
Otwiera mnie wzdłuż zrośniętego szwu,
odgarnia we mnie śnieg—ona, której się śnię. Nóż bez rękojeści.

Oddech lawiny, która mnie rodzi.

Ona. To.

She

The one who is—inside me—a house with double skin of glass.
Who puts me, a frozen river, to her lips.
Licks the sweat from stones.

The one who has lips whitened from gathering squalls;
in her eyes steely light, up to the horizon.
The one who has wolf's fur, finishes her wounded young off, watches
me crawl towards water—

glinting, sharp sea pounds against the coast
and the shreds of life, like foam, settle on the granite heads;
memory, the storm surge, carries in her hulk loose rubble: debris, shards,
dust.

Clouds
above this blood.
Sky that happens and goes by, washes out in a void and frost.

The one who has my face before birth.

The one who chokes the flow of oxygen.
Opens me up along the healed stitch,
clears the snow inside me—she who dreams me. Knife without a handle.

Breath of the avalanche which brings me forth.

She. It.